시인 서승현

이 도서의 국립중앙도서관 출판예정도서목록(CIP)은
서지정보유통지원시스템 홈페이지(http://seoji.nl.go.kr)와
국가자료종합목록 구축시스템(http://kolis-net.nl.go.kr)에서 이용하실 수 있습니다.
(CIP제어번호 : CIP2019053127)

분홍, 서러운 빨강

서승현 시집

시와사람

서승현 시집

분홍, 서러운 빨강

2019년 12월 25일 인쇄
2019년 12월 30일 발행

지은이 | 서 승 현
펴낸이 | 강 경 호
인쇄 · 기획 | 도서출판 시와사람
등록 | 1994년 6월 10일 제 05-01-0155호
주소 | 광주시 동구 양림로119번길 21-1(학동)
전화 | (062)224-5319
팩스 | (062)225-5319
E-mail | jcapoet@hanmail.net

ISBN978-89-5665-558-1 03810

값 10,000원

· 이 책은 광주문화재단의 지역문화예술육성지원사업으로
지원받아 제작되었습니다.
· 잘못된 책은 바꾸어 드립니다.

공급처 ■ 한국출판협동조합
경기도 파주시 탄현면 오금리 202번지
주문전화 (02)716-5616, 070-7119-1740

분홍, 서러운 빨강

■ 自序

너무 오래 헤매는 일이 없기를 바란다.

⋮

2019년 초겨울 서승현

차 례

1 엔젠 트럼펫

분홍, 서러운 빨강 2

3 고양이가 자꾸 울었다

어부바 4

1

엔젤 트럼펫

엔젤 트럼펫

한 여름
도심 속 자판기 앞
책가방을 등에 멘 채
목이 잔뜩 마른 천사들이 모여
연노랑빛 나팔관 소리로 재잘거린다

이건 어때?
저게 더 낫지 않을까?
난 새콤한 맛이 좋아

엔젤 트럼펫 같은
하얗고 긴 종아리들이 모여 서서
재잘재잘 지갑을 꺼낸다

향기에 취한 자판기가 스르르 눈을 감는다

초하(初夏)

간절했던 그리움의 시간이
성급히 끝나 버렸다고
弔哭을 울리기엔 아직 성급한 계절

그리움의 힘으로
잎맥 사이사이
지난 시간 직조하여
첫 출간 서두르는
연둣빛 페이지들

성큼 넓어진 여백에
햇살도 은빛 펜촉 꺼내어
실핏줄 진초록 삽화 그려 넣고 있다

인연

저 헛헛한 어둠 속을
하늘하늘 날아와
멈칫멈칫 다가서는
부드럽고 차가운 숨결

내 곁에서 잠시 도란거리다가
가뭇없이 사라지는
네가 닿았던 자리에
흔적으로 돋아나는 눈물 한 방울

언젠가는 바람 속 떠돌던 눈송이로
또 만날 것이다

어두운 들판에 내다 건 호롱불처럼
당신을 마중할 마음 꺼지지 않았다면

전송

-카톡!
오월 아침 연못가의 수선화와 연꽃입니다

반짝이는 햇살 아래
하늘거리는 고개 길게 세우고
치맛자락처럼 얼굴 펼쳐 드리운
노란 꽃창포는 '수선화'
윤기 나는 검푸른 잎사귀 사이로
새하얗게 솟아 물의 살결에 잠방대는
흰 수련 몇 송이는 '연꽃'
핸드폰 앨범에 꾹 눌러 저장한다

노란 꽃창포가 '수선화'면 어떻고
흰 수련이 '연꽃'이면 어떠랴

꽃그늘 일렁이는 오월의 연못처럼
깊고 그윽한 마음 두 장이
아침 엷은 안개를 가르고
카톡! 사뿐하게 내 손 안에 전송된 순간,

천지에 일렁이는 노란 꽃창포 물결
수줍게 피어나는 흰 수련 군무!

풍경

잉크색으로 짙어지는
넓은 운동장의 물빛 공기 속을
웃자란 호두나무 연초록 잎새가
겁도 없이 스윽 밀고 나간다

혼자 연습하는
어린 야구 투수의 팔이 쭉 뻗어 나간다

노란 호두 한 알이
이층 옥상 위에 턱 걸터 앉는다

회나무

마을 앞 회나무는 밤에도 천수관음이다
지친 이들 잠깐씩 쉬어가는 간이역
목 걸상 놓인 둘레에 가지 늘어뜨린다

처진 어깨 고개 숙인 시름 많은 중년이
한소끔씩 담배연기 피워 올릴 때마다
슬며시 긴 팔을 뻗어 남모르게 쓰다듬는다

다가왔다 사라지는 모든 상처 껴안아
결곡히 키워 올렸다, 해마다 새순 내었다
면면히 견딘 세월들 그 한 둘레 넉넉하다

어떤 아침

싸락눈 내리는 아침
공용쓰레기 수거함 옆
꺼져가는 모닥불 곁에
아침 요기 하고 있는 미화원 아저씨
수레에는
빗자루와 쓰레받기가 나란합니다

그 빗자루와 쓰레받기로
내 속의 온갖 잡됨과 먼지 부스러기들
싹 싹 쓸어 담아
당신의 수레에 실어 보낸 후
그 자리 덩그러니 비워두고 싶습니다

고요하게 눈 내리는 벌판으로
한 십 년 흠씬 내버려 두고 싶습니다

싸락눈 쌓이는 텅 빈 벌판으로
후젓하게 비워두고 싶습니다

소리

소리로 한 세월을 살다간 명창이듯
풀벌레 한 마리가 허공을 조율한다
어두운 세상살이에 귀라도 환하라고

국화 핀 뜰 앞에 달빛이 부서진다
성글성글 부푸는 거미의 실 꾸러미
또록한 귀또리 소리 은실 늘어뜨린다

허공에 놓인 길이 아른아른 흔들린다
밤늦도록 귀 기울이던 늦가을의 보름달이
실에 꿴 소리를 모아 밤하늘에 흩뿌린다

나팔꽃

매달림을
멈추고 싶었으나
희미하게 별이 반짝거렸다
그 별빛에 의지해
가장 깊고 예민한 촉수로
조심스레 중력을 거슬러 올랐다

무정함에
물음표를 지으며
한 치라도 가까이 닿으려
보드라운 손길 나긋거렸다

허공으로 난 외길
부여잡으려 애쓰는 기원의 시간
청남빛 멍이 번지고 있었다

이른 아침
땀과 눈물이 수정처럼 맺힌 채
둥글게 피어난 그녀의 얼굴에는
연푸른 피톨의 그가
늦 새벽 빛깔로 스며 있었다

영원을 걸어서도 닿지 않을
당신이라는 피안의 하늘이

낮은 집

오솔길 풀숲 속 작은 집 하나 있다
낮게 등 굽히고 엎드려 있다
간간히 들려오는 발자국 소리
오랜 고요 흔들며 잠길 속 흐르는 집
햇살 뜨거우면 둘러 선 나무들
낙엽 몇 선선히 떨어뜨려 주고
낮은 등 더욱 굽혀 흙더미 끌어안은 채
세월 속 스러지는 오래 된 집
낮게, 또 낮게 엎드리다
오체투지 평지되어
바람결에 흩어져 버릴 집
언젠가는 돌아가야 될
지상에서 가장 낮은 집

떠난 후

그가 준 책갈피 들춰 보는 것
식탁 맞은 편이 텅 비어 있는 것
주고 받던 카톡 문장
자꾸 뒤적거려 보는 것
그동안 깜박 잊었던
달이 참 예쁘다는 말 되뇌어 보는 것
지금 어디쯤 왔어?
물어 볼 데 없어서
허공을 넌지시 일별하는 것
무심코 부르다 멈칫 하는 사이
빈자리 부쩍 넓어지는 것

여름 초저녁

잉크 한 방울 네 눈물처럼 떨어졌는지
어슴푸레한 빛이 천천히 뒤섞이는
대형 유리창 너머
푸른 아가미 같은 열대의 고사리 잎이
더운 공기를 조용히 부채질 한다

햇살화살

오월 눈부신 햇살이 가슴에 쏟아져 들어왔다면
몇 너럭쯤 저 울타리에 거두어 두어도 좋으리
우중충한 날들 어깨 짓눌러 오면
햇살 하나씩 뽑아
화살을 날려 보라 표창을 던져 보라
분노로 고통스러울 때
상처 난 자존심으로 온 몸이 떨릴 때
좌절감이 절벽 되어 앞길 막아 버릴 때
캄캄한 절망이 발 밑에 천 길 수렁 펼칠 때
울타리에 포개 앉은 햇살 하나씩 뽑아
있는 힘껏
화살을 날려 보라 표창을 던져 보라
금빛 꼬리 끌며
어둠의 블랙홀 산산이 부숴버릴 수 있게
햇살의 표창 무더기로 날려 보라

삼월 초생달

어슴푸레하게
초록 물오르는 산등성이 너머
실핏줄 번지는
고운 발톱
텅 빈 하늘 긁적거려
아기별꽃 잠 깨운다

한계

완성으로 향하던 메아리도 끊기는 곳
캄캄하게 닫혀버린 절망의 꼭짓점에서
비로소 열리는 희미한 점 하나

봉인된 공간을
미끄러지는 한 줄기 빛

한계는
우리의 기원이자 종말
한 세계의 탄생과 죽음이
교차하는 지점

태 안의 세계가 허물어지고
두려움의 발자국을 밖으로 옮긴다

주문

입동 무렵
맑은 아침 햇살 속
백 살 된 은행나무는
꾀죄죄한 마음의 검은 얼룩 다 내려놓고
오늘은 마냥 신나고 밝고 행복하기만 하라고
황금빛 방울요령 반짝반짝 흔들면서
빛부신 주문을
천지사방에 흩뿌리고 있습니다

초록이 기운자리

초록이 기운 자리
주황이 발을 걸치더니
빨강으로 깊어지고
불꽃 활활 타더니
허공 중 사라지는
무색의 연기 한 올

가을 안개

안개 짙은 가을 아침 산행을 한다
별 다른 일 없냐고 안부를 물어오는
전화 속 맑은 목소리 햇살 찰랑 부서진다

눈 앞엔 안개의 뜰 잠포록히 깊었다
그대도 안녕하신가 안부를 물어보자
당신은 언제나처럼 좋아요! 대답한다

그대도 안녕하고 가을날도 안녕한
안녕과 안녕 사이 발밑은 때때로 허방
안개를 밀치고 흩으며 올라가는 산정은 아직 멀다

꽃밭에 자드락비 들이친다

모반의 도적떼처럼 가만가만 비 내리고
멸망한 나라의 궐처럼 밤은 깊어간다

도열한 귀비(貴妃)들, 괴는 수심 무거워
실핏줄 싱싱한 채 이울어 지고 있다
훗훗한 숨결로 버무려지던 꽃등마다
기화되어 퍼지던 연붉은 입자들
촘촘하게 점화되어 일렁이던 등불과
홍청망청 흐드러지던 비단치마폭

흙먼지 날리는 가문 날에도
바쁜 발길 손짓하고
순간마다 눈멀게 하더니
기어이 안녹산의 내달리는 말발굽처럼
몰아치는 빗줄기에 드잡이질 당하고 있다
만개의 절정을 탐하듯 비바람은
붉은꽃 분홍꽃 훌치고 밀치며 흐트러 버린다
쏠리다가 쓰러지며 물큰대는 살내
태풍이 잠시 들른 천변부지는
꽃양귀비 널부러진 패색의 전쟁터

일장춘몽은 도처에서 출몰하는 중이다

2

분홍, 서러운 빨강

분홍, 서러운 빨강

원색의 빨강에
희고 창백한 서러움의 채도가
초저녁 어스름처럼 슬며시 섞여들면
분홍은 비로소 제 모습 드러낸다

매끄럽던 살갗
시큰둥한 무채색으로 식어가면서도
폭염이 천지를 달구는 이맘때쯤이면
원색의 꽃 피우고 싶은 찰진 마음이
먼 길 떠난 그대를 기어이 불러낸다

그를 기다리는 동안
거칠어진 종아리 지나
한 톨씩 돋아나는 두드러기들
가슴이며 어깨로 발긋발긋 번지는 송이 작은 봉오리들
설움이 누적된 잘디 잔 꽃봉오리들 모여
오늘, 그가 오는 길목을 마중하고 섰다

팔랑이는 잎새들이 검초록으로 자지러질 즈음
뜨거운 바람의 등을 타고
비로소 온 몸 가득 당도하는 그대

기다림에 지친 몸 쓰라리게 휘감으며
숨찬 호흡마다 달디 단 꽃구름 떼 뭉클뭉클 피어난다

목백일홍 밑둥에 탯줄 감아 놓은 채
여태 둥근 잠에 빠져
컴컴한 어둠으로 가라앉은 연못 속마저
환하게 물들이는 벅찬 숨비소리 빛깔
아직 해가 지지 않을 장엄한 일몰 향해
혼신의 자맥질 해 보지만
마침내 계절 끝으로 부는 바람으로 인해
분홍은 끝끝내 원색이 되지 못한다

이맘때면
그를 기다리면서 늙어가는 명옥헌 원림도
서러운 빨강으로 한 시절이 난연(赧然)하다.

춘화현상*

바닥까지 말라붙었던
공원 수로에 물이 흐른다는 것은
노란 창포꽃이 피었다는 뜻
봄이 와도 꿋꿋하던 당신이
기어이 이별의 강 건너갔다는 것
한 시절 어둠 속에 잠겨 있던 꽃빛깔
환하게 열어 줬다는 것과 같다

다가 올 때 떠날 것 미리 알고 있었지만
영하의 시린 쓰라림 앞에서도
이별을 애써 망설이던 당신이
문득 떠나야겠다는 결심을
바람결에 부드럽게 내비친 것은
어둡고 추운 시간 견실하게 지나야
슬픔의 수량 풍부해지고
젖은 꽃빛 더욱 곱다는 걸 확인하기 위한 것
비밀스레 꽁꽁 싸매두었던 함초롬한 치맛자락
봄볕 아래 흔연스레 펼쳐 보라는
당부의 어루만짐이었던 것
캄캄하게 얼어붙던 마음 외면하지 못하고
서로 부둥켜안았던 시간 비로소 떨치고

떠남이 오히려 진한 사랑이 되는
늦겨울과 늦봄의 변주곡
그 한가운데 노란 창포꽃이 피고 또 진다

*겨울 추위를 지나야 꽃을 피우는 현상

다시 환해진다

저녁이 지상으로 내려오는 동안
구름은 더 빠르게
저녁보다 한발 앞서 내려왔다

집으로 돌아가는 사람들
끊긴 흐름 앞에서 초록불 기다리는데
한 여자 거울을 꺼내들고
긴 머리 출렁 무심히 넘긴다
검은 어스름 뒤로 강물소리 들렸다

구름은 품속에 든 번개를
아무르 강가 어디 먼 곳에
훌쩍 던져 놓는지
거울이 반짝 빛을 퉁긴다

키 큰 가로등은
잊고 있었다는 듯
불현듯 불빛 밝힌다

순간 환해지는 저녁의 시간

멈췄던 강물이
너에게로 다시 흐른다

편백나무 숲에 들다

-축령산 치유의 숲에서

당신은 완고하게 입을 다물고
나는 물빛 이내 어리는 먼 숲 바라본다
당신은 굳은 채 앞서 걸어가고
나는 꾸물꾸물 뒤처져 걷는 길
물에 젖듯 번지는 어스름 속으로
편백나무 향기 길게 휘어지는 굽이를 돌아
푸른 산수국처럼 글썽이는 발자국들
목이 긴 새 울음 속 가물가물 깊어진다

검푸른 궁륭, 저무는 숲에서도
바스락 바스락 돋아 오르는
빨갛게 여문 눈물의 알갱이들
사는 게 죄라지만
누구의 죄도 아니어서
더욱 서러운 뱀딸기 계절
땅 속 깊이 스미는 맑고 흰 뒤꿈치로
편백의 향기 순하게 끌어당겨
캄캄하게 찢긴 여백, 온 몸으로 메운다

숲 속 들마루에 몸을 누인다

흰 이마 위로 구름이 흘러가고
감은 눈시울 안쪽으로 가뭇가뭇 떠오르는 물먹은 별들
별이 될 육신이 차츰 서러워질 무렵
눈썹 아래로 야윈 강물이 흐르고
풀여치 그 강물 따라 연푸른 울음 운다

어둑한 숲길 되짚어 내려오다가
졸참나무 굴피나무 골 깊은 거친 상처
서로 기댄 채 한 응어리 세월 만든 연리지 본다
몇 차례의 벼랑이 회오리 치고
깎아지른 절벽 끝
비로소 마주 선 슬픈 궤적
부르고 대답하는 몸짓이
어스름 속 떨리는 실핏줄 타고
간신히 이어지는 둥그런 한 몸

마른 뼈 속을 속속들이 적시는
당신이 있어
저 길이
저녁 해 비쳐 든 물 속처럼 환하다

겨울 바람소리

목관악기 텅 빈 몸속을 관통하는
뜨겁고 맑은 호흡의 계단처럼
겨울아침에 듣는 바람소리는
낙엽 진 오동나무 빈 가지 사이
느린 걸음 읊조리듯 휘감으며 지나간다
빗장뼈에 걸린 채 차마 하지 못했던 말
나지막히 떠도는 잊혀진 밀어로
억새들 몸 비비는 산등성이 흐르며
참았던 긴 한숨인 양 휘파람 불고 있다
명사산 바람같이 서걱대며 불어오는
빈 몸 속 가득히 담겨있던 시간은
찬바람에 흔들리는 회갈빛 잎새따라
비워내고 닦아낸 청자빛 소리 들려준다
겨울아침에 듣는 목관악기 소리는
골짜기 쌓인 눈빛 말갛게 거르며
기다림도 지쳐서 그림자 진 얼음장 밑
잠들었던 피라미 떼 몸 뒤채게 만든다

순록이 있는 초원

흰용담꽃 핀 산 너머, 아홉 살 소녀에게 사탕을 전하러 가는 열한 살 소년, 초원 사람들을 영원으로 안내한다는 흰뿔순록의 황금빛 구리방울소리가 차고 맑은 공기를 잘랑잘랑 가른다. 전생의 연인을 찾아가는 산자락 오솔길은 연푸르고 조용하다. 먼 길 걸어 오르츠 천막 찾아 온 순례자 앞에 누군가 갖다 놓은 분홍 술패랭이꽃 한 다발, 볼 붉은 소년은 타고 온 순록의 귀에 살며시 꽃한송이 꽂아준다. 들꽃의 향기에 취한 듯 새하얀 뭉게구름 서늘히 그림자 드리워 주는 고산지대 호숫가. 전생이 수도사였던 어린 소년은 천년고목의 텅 빈 듯한 목소리로 바람의 음률을 불러들인다. 오래된 어린 연인을 바라보며 호젓하게 풀어내는 긴 노랫가락, 하늘과 땅을 둥글게 돌아 소녀의 검은 눈동자 속으로 스며든다. 순록이 인도하는 영원함은 어린 연인의 맞잡은 손끝으로 또 다시 이어지고 술패랭이 분홍꽃잎은 흰구름의 등 위로 오르고 있다. 순례자들의 무리가 담청색 하늘 가로 흔들리며 멀어진다.

엇갈리는 노래는

강진만 철새 도래지 나루터 끝
물 빠진 개펄 건너보내는 안부는
가끔씩 하늘 들썩거리게 한다

겨울 바다를 품은 목련꽃봉오리
흰 고니 예닐곱 마리
겨드랑이 속 묻었던 긴 목 허우적 빼더니
꾸우욱 누른 목소리로 화답하듯 우짖는다

넓지 않은 뻘밭을 사이에 두고
음계 다른 소리가 허공 중에 엇갈린다
양철통 두드리듯 개 짖는 소리
짧고 길게 번지는 고니 목쉰 탁음
이유 없이 거친 불협화음을
서투른 곡조로 주고 받으며
울퉁불퉁 흐린 하늘 사포질 한다

네가 보낸 연분홍 기미에
내가 남긴 먹빛 흔적은 대부분 엇갈렸다
꽃 햇살 같은 부름에
빈 깡통 천둥벌거숭이로 딱딱 거렸다

그 엇갈림에 허우적거리더라도
수만 리 허공을 건너
내년 겨울에도 백목련 고니는 날아 올 것이고
담장 안 눈 검은 얼룩개는 무작정 반길 것이고
컹컹과 탁음이 흐린 구름장을 뚫고 메아리로 물결 지는 동안
송이 눈은 펄펄 내리고 청매화는 부풀 것이다
어제 목청껏 싸우고 내일 아무 일 없었던 듯
안부를 묻고 손을 흔드는
너와 나처럼

나비 문을 닫는다

늦가을 햇살 아래
한 쌍의 금숟가락이 마르고 있다

옻칠한 반닫이
황금빛 나비 날개 접었다 펼칠 때마다
컴컴한 구석자리에
날개옷 한 벌쯤 있을 것만 같아
뒤져 보고 털어보아도
구겨진 한복자락 아래
빛바랜 오색실로 묶여진 사주단자 뿐

옥황상제 가문의
금숟가락 선녀가 아니었기에
수직상승 할 날개옷은
야무진 나뭇꾼도 숨겨놓지 못했다

녹슨 문 여닫을 때마다
부스스 떨어지는 꿈의 조각들
쇳가루 같은 꽃씨를 뿌린다
접시꽃, 당아욱, 부용, 꽃양귀비, 금영화…
뿌리 잘 내릴 만큼 고운 흙을 덮고 물을 뿌린다

내년 봄 꽃 피울 꽃순가락 정원은
금순가락 나비 문 닫은 곳
습기 축축한 어둠 속에서 비로소 싹튼다

몽돌 해변 가는 길

해안도로 고즈넉한 산모퉁이 감아들자
눈앞에 불쑥 드러나는 수국꽃 행렬
겹겹이 겹쳐진 둥근 꽃이파리는
피안을 건너 이 세상에 스며든 푸른부전나비 떼
오래 뭉쳐진 해원(解寃)의 꽃다발이다

미처 깨닫지 못했던 쪽빛 그리움이
남해바다 끊임없는 일렁임으로 발목에 휘감긴다
얼룩진 지상의 영혼 질타하듯
두렵게 청푸른 꽃물,
7월의 허공으로 위태롭게 번진다

수국꽃 핀 길에서
마주 보는 눈길이 더욱 깊고 검은 건
육신을 벗은 자리,
흰 뼈로 가지런히 어둠 속에 누워서도
사랑은 영혼의 길을 따라
천 년을 오고 감을 믿기 때문이다

길섶에 늘어서서
지상과 물길을 오가는 여행객들

마중과 배웅하느라
수그린 얼굴로 둥글둥글 피어있는
저 탐스러운 꽃숭어리들

당신과 내가 바라보는 이 꽃은
오래 전 수국꽃 피던 계절을 지나
혼란과 파국의 시간을 지나
억겁을 닳고 닳은 몽돌처럼
바다 빛 흠뻑 머금은 채
영원의 숲속에 피어 있으리

여다지 개펄에서

누가 다녀갔는가

썰물이 방금 빠져나간 자리
남겨진 개펄은
흥건하게 쓸쓸하다
살과 살이 맞물려 출렁이다
무연히 멀어져 간 후
밀착되었던 체온 차가와져 가는 시간

가지 마

서러움에 목이 메는
바람의 몸부림은
숨결에도 팔락이던 해당화 꽃잎을
찢으며 떨구며
맺힌 열매 자리마다 붉은 멍을 들인다

내가 있던 자리는 만수위였을까
물 빠진 개펄가에 한참을 앉았다가
사무침에 온 몸 떨다가
일렁이는 물의 속살 가늠하다 보면
당신은 어느 새 내 속에 가득하다

이제 겨우

점심 식사 마치고 서성이는 동안
몇 그루 관상용 보리이삭 바람에 쓸리는 앞뜰은
초록융단 향기로운 비밀의 정원

석류 붉은 꽃잎이
가지 사이 엷은 몸짓 갸웃이 보여주기 시작하는데
그 발치에
발갛게 떨어진 또 다른 꽃잎을 향해
나뭇가지에 매달린 청동빛 새끼 석류가
입술 쫑긋대며 무어라 조잘거리기 시작하는데
이제 막
엘가의 사랑의 인사가 끝나고
귓바퀴는 둥글게 부푼 소리의 여운 되새김질하려는데
무더운 바람이
풀어헤친 머릿결 미끈미끈 넘나들며 자르르한 윤기에
미끄럼을 타려하는데

이제 그만 가 볼 때가 되었다는 시계의 초침소리
싹뚝싹뚝 파랗게 잘라내고
냉큼냉큼 빨갛게 도려낸다

가벼움의 깊이

입추 지나도 개이지 않던 장마 그치자
천지에 쏟아지는 순은빛 햇빛
설렁설렁 불어오는 무량한 바람은
오랜만에 해후한 고운 벗처럼
뭉게구름 더불어 낡은 산사 찾아든다
벗겨진 단청 끝 청동물고기 한 마리
적요로운 침묵 속 잠겨 있다가
풋잠 든 꿈결인 듯
잔물결 이는 소리 허공바다 노 젓는다
업장같은 돌 사이에 이끼 낀 전생
불구덩이에서 녹이고
무두질에 자신을 고스란히 맡겨야
추녀 끝에 매달리는 얇은 몸피
실바람에게도 자신을 내어주어
음계 없는 허공을 무상으로 어루만지는
저 견고하고 가벼운 온 몸의 청정함은
시간의 흔적마저 무겁다는 듯
흰 뭉게구름에
푸른 녹을 자꾸만 헹구어 낸다

꽃귀 (花耳)

흰 연분홍 뭉게구름 둥실낭창한 벚꽃터널 아래
검으튀튀한 얼굴 부릅뜬 눈 석장승이
벙그러진 귀, 꽃 피우고 섰다

봄날 햇볕의 달달한 숨소리 들으려는 듯
벚꽃의 밭은 숨소리 놓치지 않으려는 듯
꽃구경 온 사람들 화사한 속살거림 속
나붓하게 꽃잎 귀 활짝 열었다
단단한 돌덩어리가 꽃귀[花耳]* 되기 어디 쉬울까
모나고 거친 원석 쪼이고 다듬는
무던히 참은 끝
드디어 얻은 화이(和易)!*

전남 나주시 경현 저수지 옆에는
뜨겁고 울컥대던 환멸스런 소용돌이
회색 거친 가슴 속 단단하게 갈무리 한 채
세상 모든 소리 꽃의 속삭임으로 듣고 싶어
꽃잎 귀[花耳]를 활짝 피운 석장승이 산다

*화이(花耳) - 꽃귀, 꽃잎귀
*화이(和易) - 바꾸다, 탈바꿈

입동 단풍

저 단풍나무는 며칠째
온 몸으로 핏빛 울음 삼키고 있다

시간의 경계를 서성이는 동안
시퍼렇게 날 세운 채
서슴없이 다가오는
예정된 이별

이별 뒤의 슬픔은 남겨진 자의 몫
그가 떠난 뒤 남겨질 시간에
자꾸만 미리 에려오는 가슴

담담한 마음으로 메별 준비하다가
사위는 햇살 속
자울대는 울음 삼키며
가슴 북북 문지른다
그때마다 화들짝 덧나는 통증
발갛게 핏물 드는 온 몸의 세포들

하늬바람결 따라
낭자하게 퍼지는 슬픔의 분자들

파르르파르르 자지러지면서
헤어지기 싫어싫어
온 몸으로 파닥파닥 도리질 친다

입동 서리 내리는 계절
마침내 가실이 떠나가시려는데
하얗게 여윈 햇살 속
애통터진 핏빛 손짓

가지 마!
허공을 향해 천 갈래 만 갈래
가르고 붙들며 손사래 친다

이별도 참 많은 계절

저 단풍은 며칠째
온 몸으로 진한 울음 울고 서 있다

명옥헌 늦오후

고요한 허공이 빗금질로 부산하다
마지막 유서 쓰는 분홍 여린 몸짓들
종일 내린 꽃비로, 갓 태어난 죽음으로
향기로운 주검들 총총히 뜬 명옥헌지(鳴玉軒池)

산을 넘던 흰구름 또 한 차례 다가온다
기꺼이 연못 속 꽃여울에 몸 섞다가
이두박근 실한 뭉게구름 장정들
헝클어진 꽃상여 성큼 떠맨다
한 때의 낯빛 좋은 상두꾼
한 바퀴 연못 돌아 노제도 지내는데
붉은 물너울 얼굴에 두른 낮달
무심한 발길로 서천길 앞장 선다

꽃피는 아침은 매일이 잔치마당
오후의 낙화는 상갓집 씻김마당
후산리 배롱나무 백여 일의 꽃치레에
생사 하나 된 세상, 열기 후끈거린다

번져가던 노을도 한순간 멈칫하며
홍주 한 잔 진설하는 명옥헌 꽃상여

더위에 지쳐 널부러진 느티나무도
뒤늦게 문상 와서 지르잡는 바람결에
초록만장 펄럭인다 숲이 꿈틀 넘실댄다

월남사지 석탑

새소리 들렸으리
마음 속 가녀란 바람소리로

이름을 불렀으리
켜켜이 쌓아 둔 미륵 돌 마음으로

소리 내지 않았으나
쩡! 쩡! 내리치는 정과 망치 끝에서
뜨거운 부름 날마다 들었으리

쪼는 정 끝과 마주 받는 돌의 화음이
기원으로 층을 쌓던 어느 날

소리내지 않았으나
마음 깊이 붉게 맺힌 그 목소리 들려
주저없이 그만 돌아보고 말았으니

돌아본 시선 끝에 돌이 된 아내를 보고 말았으니
그 돌덩이 어루만져 탑을 만들었나니
부름이 배여있는 옥개석마다
푸른 돌이끼 곱게 피어 천 년 전의 목소리 수(繡) 놓고 있다

그리움이 간절하면 마음이 먼저 듣는다는
소리 없는 영원한 부름
월남사지 석탑마다 아로새겨져 있다

푸른 장대비

화염빛 능소화는 은명죽 서늘히 깊은 담 넘으며 얼굴 화끈거렸다. 한낮의 소낙비는 독 오른 장대같이 꽃송이들 한순간에 작살내고, 피어오르던 담 아래 무참하게 떨어뜨렸다. 황토마당 가득 번져 오르던 흙내음 뿌연 비안개 사이 떨어진 꽃숭어리 치마폭에 주워 담을 때, 벗겨진 흰 고무신 안으로 쏟아지던 빗방울들. 맨발로 마당을 가로질러 뛰는 동안, 발가락 사이마다 미끈대며 달라붙던 스무 살 뜨거운 순정, 온 몸을 후려치던 푸른 장대비는 능소화 뿌리마져 발기어 냈다. 비 그친 뒤, 빗장뼈 드러낸 채 넘치던 수로와 날 세우던 댓잎들 뒤로 머언 무지개

아파트 숲 도심 속에서도 화염빛 능소화 꽃송이들과 후려치는 장대비 앞에 어쩔 줄 모르는 흰 고무신의 순정함이 아직 남아 있을까

먹지(墨紙)* 가슴

습자지와 먹지 사이
마음을 베낀다

캄캄한 심중
또렷하게 드러나야 하는데
희미하기만 하다

당신과 나 사이
어눌한 말과 손짓이
마음 속 제대로 베껴내지 못할 때
이해와 오해 사이
휘청대던 줄타기는
끝내 아슬하게 멀어져 간다

변주되는 먹선
마음빛의 산란

내 마음을 베끼려
당신이라는 습자지를 가슴에 대어 본다

*한쪽 또는 양쪽 면에 검정 탄산을 칠한 얇은 종이 또는 묵지

꽃무릇 번제

대웅전 떨리는 풍경소리 뒤로
차츰 낮아지던 독경소리
산허리 휘감는 여울에 한 몸으로 잦아든다

들끓던 정념들 땅 속으로 스며 들었나

번뇌를 벗지 못한 업보의 염주알들
선뜻 발길 돌리지 못하고
미욱하게 서성대던 마음자락들
이곳에 모여 흰 구근으로 여물었나니
지축 달구던 염천 서늘해질 무렵
유황 두른 꽃대궁 일제히 솟구쳐
염천보다 더 뜨겁게 제 몸 받들어 사루고 있나니
무성하게 요동치던 인연의 결박
비로소 그 매듭 죄 풀어버리고
활활활 불타오르고 있나니

불갑사 일주문과 어둑신한 법당 사이
햇살이 전하는 이심전심의 설법 속

무장무장 펼쳐지는 꽃무릇 번제

키보드를 두드리는 새벽 비

열대야 지나고 말복 지난 새벽녘
굵직한 빗소리, 창문을 두드린다
컴퓨터 키보드 위 마른 손가락 끝부터
그 소리 차츰 스며 번져오더니
서늘한 물기로 온 몸에 넘실댄다

기다리던 한 시절 지나 비로소 내리는 빗줄기가
서둘러 지나갈까 발걸음 늦춰주길 바라며
넉넉해진 마음의 강줄기 따라
은피라미 떼 튕겨져 오를 것 같은 습작의 시간

아파트 창문들은
저마다의 음소 가진 물빛 키보드 되어
빗방울이 두드리는 대로
부옇게 밝아오는 아침을 흔연스레 타전한다

빗방울이 두드리는 아파트 창문들은
저마다의 음소 가진 물빛 키보드 되어
부옇게 밝아오는 아침, 흔연스레 타전한다

생과일즙

생과일즙을 만든다
직근의 육질이 주홍으로 단단한 아프가니스탄 당근
바람과 비와 햇살이 빚은 발칸반도 사과
빨강주황노랑색 중앙아메리카 파프리카
푸른 바다 기운 가득 담은 황금빛깔 인도 오렌지

주서기 입구에 잘 들어가도록 큰 깍뚝썰기 한다
기룸한 칼날 과육 깊이 들어가는 순간
왼쪽 엄지손톱을 쓱 자르는 은빛 통증
수건으로 꾹 눌러 지혈시킨 채
오른손으로 사과 당근 귤의 생살로 주스를 만든다
적출기 입구로 급하게 뚝뚝 떨어지는 붉은 액체
붉으레 흰 수건 자락 물들이는 삐딱한 엄지손톱
잘려져 나온 손톱 밑
오도카니 붙어 있는 쫄깃한 고깃덩어리
살살 문질러 본다
사과껍질에 싸여 음식물 쓰레기 속 버려지는
녹두알만한 살점
저 옛날 내 몸들이 사방에서 크다가
오늘 몸속으로 다시 흘러드는지 몰라
천지에 흩날리는 몸들의 미립자

지금 마시는 생과일즙이 키워가는 죽음 속 탄생

다음에는
진초록색 안개기포 보글보글 부풀다 멈춘
지중해 브로콜리 한 송이도 꼭 추가시킬 것
파마머리 속 온 세상 조화롭게 키우고 싶은
푸른 생각 한 움큼 함께 넣어서 …

3

고양이가 자꾸 울었다

고양이가 자꾸 울었다

열심히 살아서 더 큰 벌을 받으면 좋겠다는
괄괄한 시인의 의분에 찬 목소리 건너
고양이가 자꾸 울었다
내 말은 왜 안 들어 주냐고
내 말도 좀 들어 달라고
야옹 야옹 냐아오옹
모두들 이게 나라냐
합창하는 동안
갇힌 고양이는
냐아옹 냐옹 …
사방을 박박 긁는 소리로
냐오옹 …
애타게 냐오옹 …
목마르게 냐오옹 …
이게 나라냐
신동엽 시인 50주기 기념행사장에
끊임없이 스며드는 가느다란 외침
고양이 얼룩 같은 검은 멍이 온몸을 뒤덮고
퉁퉁 부운 얼굴, 스카프로 감싼 동남아 여인은
이게 나라냐가 무슨 말인지
알다가도 모르겠다

형부가 처제를 강간하고
안사돈이 성폭행 당하는데
망보아 주는* 나라
한국인 남편의 발길질에
핏덩이를 쏟고
결혼 3개월 만에 주검이 된
어제가 오늘인 나라
이게 나라냐
아무도 귀 기울이지 않는 곳에서
울음 울고 있는 그녀는
하고 싶은 말 제대로 못하고, 매 맞고 갇힌
외국인 결혼이주여성

*고기복의 〈이주노동자 이야기〉 중 이주여성들의 미투, 2018.03.12, 오마이뉴스.

직무

시집이 놓였던 책상에
한국어 교재가 자리 잡았다
눈길 자주 머물던 창가에
한달 완성 듣기 CD가 놓이고
햇살 쏟아지는 오전의 창공에
원고지 네모 칸 속 자 · 모음들
맑은 소리 덩어리로 무리 지어 떠다닌다

나는 오늘도
한국어교사로서의
최적화된 말투와 알맞은 사고로
흥미와 안정감이라는
거짓의 안개로 말끔히 포장하고
생업으로서의
한 학기 반 쪼가리 직업에 몰두하고 있다

매일 밤 들뜨던 시에 대한 열망은
잊혀진 첫사랑처럼
문 밖 아득히
글썽대는 몰골로 뒷걸음치다가
문득 찌르르 아프게 다가와

쇄골 아래 황무지에
찔레꽃 같은 한 송이 피워놓고 간다

안 마셨어

상현달 곁눈질로 웃는 봄밤
저 어르신 운동장에서 무얼 하시나

헛 둘 헛 둘,
오른손 오른발 함께 높이 치켜들고
헛 둘 헛 둘,
왼손 왼발 함께 내려 놓는다
허공에 든 팔다리가 흐물흐물 휘청인다
운동장 반 바퀴 돌아오시더니
히말라야시다 허리둥치 엉거주춤 껴안고
고삐 매인 소 마냥
이힝우힝 콧소리에 뒷발길질 열심이다

움켜 쥔 윗도리 휘두르며 한 바탕 춤사위
아니, 아니, 가만 보니 국민체조 하신다
사이 사이 들어가는 구령 또한 엇박자 안
마셨어, 안
마셨다구
실직 한 게 죽을죄냐?
술도 한 잔 마음 놓고 못 마시는 신세냐?
술은 왜 이렇게 안 깨는 거야 …

어둠 깊어가는 찔레장미 피는 봄밤
한 쪽 하늘이 기우뚱 무너진다
펑퍼짐하게 둥글어지던 상현달 눈빛이
남정네 옆구리에 슬며시 팔짱낀다

집으로 돌아가는 길
술 안 깬 실직자 중 늙은 아버지
비틀대는 걸음, 처진 어깨로
물결 센 어둔 바다 건너고 있다

염소가 울고 있다

까만 염소가
철삿줄 소리로
밤하늘 긁는다

말뚝에 매어둔 끈이 풀린 염소는
오후 내내 길 찾아 헤매었던 염소는
뒷산 낭떠러지 끝까지 올라간 염소는
말뚝에서 풀어진 끈을 질질 끌고 다니던 염소는
끈이 감겨 오도 가도 못하던 염소는
눈물방울처럼 모가지 떨군 채
서럽게 울던 염소는
잘못 내딛은 발자국으로
감긴 줄 끝내 풀지 못한 염소는

캄캄한 어둠에 떠밀려
무작정 절벽을 뛰어내린 염소는
하얗게 눈 까뒤집고
대롱대롱 목 매달렸다

어두워오는 밤하늘 아래
풀어진 끈에 목 매달려

메에헤 메에헤
사는 것이 좋은 것은 아니라고
메에헤 메에헤

악(樂)악(惡)악! 악(落)!

악악악 아이가 운다
불타던 한낮의 장작숯불같이
악악악 울음을 내뱉고 있다

아직은 잠들 때가 아니라는 듯
해변에선 폭죽이 눈부시게 터지고
전자 기타와 드럼이 락락락 불을 뿜는다

어둠 속 늘어진 능소화 꽃타래가
희부옇게 달아있는 하늘 향해
붉은 나팔 악악악 불어대고 있다

북극곰 딛고 선 얼음조차 녹고
까끌해진 두 눈꺼풀 당겨 올라가는 밤
핏발 붉게 번진 눈동자
열 대로 열려서 열 받는 무더운 밤

숙면이 부재하는 곳마다
곡소리 요란한 열대야의 밤
한밤중에도 달군 무쇠솥처럼
식지 않는 락을 좇는다

더운 것이 여름다운 여름이겠지만
부채 바람에도 시원한 더위면 락(樂)
집집마다 틀어대는 에어콘 바람
위 아랫집 실외기 바람이
열어둔 창문으로 들어와 밤새 우리집 달군다
콩죽팥죽 뚝뚝 땀 흘리며
악(樂)과 악(惡) 사이에서
짧은 밤은 휘발되고 새벽이 희부옇다

사방에서 악악 쏟아지는 소리는
당장의 더위보다
불면을 걱정하는 곡소리로 들린다

슬픈 나이테

측량산 초입
갓 잘린 편백나무 그루터기를 본다

촘촘했던 삶을 증언하느라
습기 머금어 더욱 선명해진 나이테
제 일생을 판독하고 있다

푸른 물관부의 수직 상승이
뚝 끊긴 자리, 생의 전부를
단숨에 빼앗긴 황당한 슬픔이
허공의 바다에 목 메인 외침으로
둥글게 둥글게 물무늬 지고 있다

팽목항 앞바다에
밤낮으로 맴도는 둥근 파문들
영원히 자라지 않을 슬픈 나이테

미아

폐광은 안 된다
마지막 농성하던 노조 앞 텅 빈 광장
석탄이 무더기로 쌓여져 있다
이리저리 골라대는 손끝에서
밀리고 제외되다 끝끝내 밀쳐졌다
화력 좋아! 더 깊게 파고들어!
등 두드려 힘쓰게 하더니
지금은 쓸모없다 버려진
천지간의 미아
백악기의 지층으로 회귀를 꿈꾸는
검은 다이아몬드
선택된 소외의 뒤안길을
진폐증 사내 하나 터벅터벅 걷고 있다

밥

한국어 중급반 베트남 이주민 여성 근로자 도하 씨는 오늘도 수업 끝난 후 가난 때문에 본국에 두고 온 초등학생 딸 생각하며 준비해 온 생선찜과 강황닭볶음, 소고기 배춧국을 주섬주섬 테이블 위에 차린다. 길 건너편에서는 강제로 새끼 분양 당한 뒤 젖이 축 늘어진 어미 개가 하얗게 만개한 이팝나무 가로수 아래 카레 빛 노을 바라보며 슬그머니 배를 깔고 엎드린다.

야근 끝내고 한국어 수업에 온 외국인 근로자들이 꾹꾹 눌러 담은 고봉밥을 배춧국에 후루룩후루룩 말아먹는 동안 어미 개의 늘어진 젖가슴으로 땅바닥 한기가 올라온다. 한국어 토픽 급수 올리는 것이 밥값 더 버는 길이라는 외국인 근로자들, 밥숟가락 들고 떠들며 웃으며 오늘 배운 '~(이)야말로'를 대화에 초대한다. '돈이야말로' 인생에서 가장 귀한 것이라는 파키스탄인 뒤로 '사랑이야말로' 삶에서 가장 귀하다는 베트남인, '가족이야말로' 세상에서 가장 귀하다는 네팔인, '세계 평화야말로' 세계 시민이 함께 살아가는 글로벌 시대에 가장 귀하다는 우즈베키스탄인. '얼마나 ~한지 몰라요'를 접목시키면서 '한국에서 먹는 도하 씨가 만든 밥이야말로 얼마나 귀하고 맛있는지 몰라요'를 연발하는 동안 이팝나무 꽃잎은 다국적 노동자들 지나다니는 공장 주변 길 옆으로 소복소복 쌓이고, 어미 개 흰 젖 줄기는 땅속으로 가만가만 스며든다

밥값

햇빛 따사로운 일요일 오후
외국인문화센터 앞 한갓진 도로
털벅 배를 깔고 엎드린 개 한 마리
가느스름한 초승달 눈으로 명상에 빠져 있다
동그스름한 얼굴 뾰족 선 두 귀
나른한 눈빛에 봄볕이 칭얼댄다

비스킷 한 조각을 개에게 내밀어 본다
무겁게 일어서더니 살그머니 입에 문 채
바라보고만 있다
몇 번의 출산을 겪었는지 윤기 잃은 까실한 털에
어린 목숨들 근근이 먹여 살렸을
늘어진 젖가슴은 쭈글거렸다
한 조각을 또 건넨다
개는 다시 입을 벌려 받으려 하다가
입에 문 비스킷을 땅에 떨어뜨린다
나는 다시 개에게 비스킷을 내밀고
개는 입을 벌리면서
입에 문 비스킷이 또 떨어지자
멀뚱히 떨어진 비스킷 내려다 본다
두 조각의 비스킷을 주둥이 가까이 대어 주자

깨지지 않게 간신히 한 입에 문 몸집 작은 어미개는
젖가슴을 땅에 끌며 길 건너 공사장 한 귀퉁이로 사라진다

오랫동안 남편과 떨어져
지방대 강의 나가는 친구에게
얼마 안 되는 강의료 벌어 뭐하나 물으니
애들 옷 사주고, 용돈 주고, 학비에 보태주고
반찬 사서 맛있게 밥 해 먹인다며
해맑게 웃어 보였다

바람풍선 인형

비바람 앞에서 팔다리 내젓는다
관절 꺾고 허리 굽신거리며 십 년을 보냈지만
바람 앞에 서면 어느 순간 또 꼿꼿해진다
바람 든 팔다리를 바람 속에 흔들며
한 자리에 붙박혀 춤추며 호객한다

요란하고 사뿐한 음악에 맞춰
가장 근사한 춤을 추겠다는
헛된 욕망으로 온몸 잔뜩 부푼다
어느새 팔다리는 허공을 휘저으며
때 묻은 얼굴로 비뚜름한 웃음 헤벌쭉 웃는다

보기싫어무서워더러워혐오스러워
바람풍선목구멍에펌프질하던튜브막히던날
검은챙의사각모자반듯하게눌러쓰고
넓은책상위서류에서명끝낸남자가
뾰족한펜끝으로옆구리푹찔러버린다.

펑 터져버린 순간, 바람 빠진 풍선인형
풀썩 나자빠진 채 일어서지 못한다
바람이 구멍 난 옆구리로 넘나들지만

다시 일으켜 세우지 못한다
바람으로 춤을 추었으나 바람의 춤 아니었고
바람이 드나들었으나 생명의 숨결 되지 못한
헛껍데기 거짓말 같은 바람풍선 인형의 삶

물 밑에 진흙꽃

축대를 허문다
포크레인 주억대는 손목 뒤로
상처 난 물줄기 붉게 흐른다
쇠바퀴 층층층 지나간 자리
검붉게 울컥대며 회오리 지는 설움
말라붙은 눈물의 진원지가 잘못된 축조라니
잘못을 쥐어뜯는 저 힘센 손짓 따라
거친 울음 울컥울컥 쏟아져 나오다니
처음부터 엉뚱한 축대를 쌓아
전전긍긍 살아 온 지난 시간 앞에서
물길 뚫린 하천을 바라다 본다

차츰 진정을 한다
겨우 추스르는 울음처럼 차차 맑아지는 숨결
맑은 물 쉴 새 없이 흘러와 진정시키지만
물밑 바닥에선 진정되지 않은 진흙의 입자들
설운 흐느낌으로 주름 지으며
물살의 움직임 따라 흘러가는데
붉은 살결은
어찌 그리 제 상처 잘 다독이며
제 상처 부드럽게 치유하며

아무 일 없다는 듯 맑아지는지
누군들 알랴 외풍 앞에 한바탕 태기질 당했다가도
그 아래서는 더욱 힘겹게 상처 가라앉히느라
흐느낌 다독다독
스스로 제 가슴 어루만지고 있는 것을
진흙탕물 진정된 그녀 가슴 가득
커다랗게 부처꽃 벙그러진다

허공은 편애를 모른다

미세먼지 거멓게 몰려다녀도
황사바람 누렇게 거들먹거려도
그저 오냐오냐
가없는 품 열어 놓는다

경계를 넘나드는 바람은
가벼운 존재들
무임승차하기 좋은
불멸의 운송수단

품을 헤집고 다니며
허공에 금을 그어 영공이라 이름 짓는
인간들 구분 또한 덤덤히 봐 주고
쇳덩어리 폭탄도 가뿐히 품어주는
허공은 정말 편애를 모른다

염소가 있는 풍경

누런 풀 마르는 강변
한 무더기 검은 비닐봉지 같이
흩어져 있는 염소 떼들
삶의 온갖 비루함과 남루함이
우울하게 담기고 덧씌워졌는지
고개 푹 숙인 채
찬바람 맞으며 마른 풀 뜯고 있다

흐린 햇살이 진혼미사곡처럼
검정 염소 떼들 위로
낮게 퍼져 떠도는데
산역을 마친 장의차가
강변길 지나갈 때
원자력 발전소의 하얀 수증기 뭉실거리고
세상 모르는 어린 염소 한 마리
하늘 향해 떨리는 목소리로 울고 있었다

철이 없어서

철이 많아
세월호보다 더 무거운 너
평생 배 타지 말거라
발밑에서 곧
세월호 아이들이
마중할 것이니……

※ 2015년 12월 14일 세월호 참사 특별조사위원회 공개 청문회에서 세월호 참사 당시 구조에 나섰던 해경이 "(배에 타고 있던) 아이들이 철이 없어 위험을 감지하지 못했다"고 했다.

결혼 해야겠네

햇반을 전자레인지에 돌리고 있을 때
냉장고에는 신 김치 반 통과 구운 김 한 봉지
설겆이 할 그릇에 말라붙은 음식물
자주 맑은 이슬로 새벽 잠 적시고
속쓰림에 헛구역질 해도
따끈한 황태북엇국 한 그릇 없을 때
뒤집히거나 목이 말린 양말 뭉텅이가
구겨진 와이셔츠와 짝지어 나뒹굴고 있을 때
계절 잊은 이부자리, 베개 커버에
흩어진 실밥 사이 솜 내장 너풀거릴 때

명절 제사상에 쓸 탕국 끓이고
산적꽂이 얌전하게 잘 꽂아 놓았을 때
집에 온 손님들 밥상
야무지게 차려 따뜻하게 대접했을 때
안방 장롱 정리에 이어 거실 소파 아래,
먼지 낀 창틀 말끔히 닦아내었을 때
터진 바지 밑단 세발뜨기로 반듯하게 마무리하고
풀 먹인 모시옷과 맞춤한 꽃신 잘 갖춰 놓았을 때
우는 조카 품에 안아 방글거리게 만들 때

겨울바람의 추궁

뽀얀 햇살에 한 송이 붉은 꽃망울로
오전 내내 졸다가
마음 송구해 하던 차
뜻밖의 추궁에
캄캄하게 입을 다물어 버린다

버석거리는 마른 나뭇잎처럼
까맣게 타 들어가는 입술

알아듣는 사람끼리는 다 알아들을 수 있는 것을
새삼 묻고 있는 듯
어떤 확신의 고개 끄덕거림 몇 차례 지난 뒤
얼음기둥 끊어낸 듯
검사의 간단간단 물어오는 짧고 위압적인 칼바람 질문
덫처럼 옭아매는 한파는
화해의 언술조차 막아버린다

화창하게 지낼 수 없는 날
두려운 궁금증
비껴가는 대꾸
빗나가는 응답

덧없는 구경꾼들 멀찍이 서서 바라만 보는 어느 날

젓줄

지그시 맴도는 진한 젓갈 냄새는
긴 골목의 텅 빈 허기를
구불텅구불텅 불러낸다

야근 끝내고
소금물 절벅대는
시장 맨바닥
젓갈냄새 자드락거리며 따라 나선 길

어두컴컴한 골목 안
녹슨 철문을 민다
희미한 불빛 아래
등을 기댄 드럼통들

따뜻한 밥 한술 위해
온 몸을 소금에 절인 삶이
덤덤히 앉아 있다

밤새 노동에 시달린 허기를
살뜰하게 메꾸어 줄
삭아 내린 육신의 진한 체취가

한 오라기 젖줄 같은 목 넘김으로
지난 시간 다독다독 숙성시키고 있다

희망

긴 채굴의 여정 끝 함부로 버려지는 원석들의 행렬 어둠의 절편들이 광장에 무리지어 낮게 떠돈다. 바닥을 헤매는 초라한 날갯짓, 처진 날개에 원형의 붉은색 무늬 그려 넣고 싶어 혼신의 힘을 다하지만 가뭇없이 또 허물어진다.

바람에 수런대던 잎새와 맑은 태양빛을 기억에서 끌어모아 기린초 꽃을 피우기로 한다. 파닥파닥 피어나는 자잘한 꽃잎들, 한잎 한잎 타오르는 흰 불꽃, 대롱 입으로 기린초 꿀을 빤다 허물어지는 날개에 차츰 돋아나는 붉은색 태양 허공에 펼쳐지는 둥그런 빛무리

기린초 활짝 핀 꽃에 달빛 출렁거린다
꿈이 침식된 달빛을 타고 낮은 비행 시작한다
아직은 멸종하기 이른 때
제 몸의 태양 좇아 허공을 선회한다

버려진 어둠의 야적장에서도
기어이 꿈을 일으켜 세워야 한다
우리는 애초에 몸속 깊숙이 태양을 간직한
붉은점모시나비였다

박속*

수입 종 무늬 조롱박 터널을 지난다
이쁘다 멋있다 신기하다
주저리주저리 매달리는 호들갑잔치 떼 속에서
보름달처럼 뭉근히 온 밤을 지새우며
갈탕갈탕 자식 키운 박씨 할머니
언제나처럼 혼잣말 소리
팥이든 콩이든 호박이든
그 속을 봐야 알것제
속에 든 것 진중허니 우려내 봐야 알제
겉모양새 맨치로 안팎 똑같아서
끝꺼정 다 잘 쓰일 수 있는 것은 아니제
한 솥에서 푹 과 봐야 진짜 속맛을 알제

서둘러 걸음 옮기는
젊은 여자의 품에서
하얀 피부, 푸른 눈동자
매끈한 박 닮은 두상의 사내아이가
훌쩍 떠나버린 제비아빠 찾는다
큰 눈을 두리번거리며

*박속 (薄俗) - 경박한 풍속

4

어부바

어부바

서너 칸 높이 계단 앞에서
걸음도 못 떼는 팔순의 어머니가
바짝 들이미는 중늙은이 아들 등을
십일 월의 풀 솜 같은 힘으로 밀쳐내고 있다
언능 업히시라니께요
아이구, 우리 엄니 부끄러우시당가
우째 얼굴에 볼그레 복상물이 들고 그런당가
이러다 서산 노을꺼정
엄니 볼에 몽땅 옮겨와 불것쏘 잉
흰 머리 단정하게 빗어 넘긴 안존한 노인네
두 볼에 번지는 홍조, 차츰 짙어지고 있다
언제 제가 엄니 한 번 업어 준 적 있으요오
오늘 한 번 마음 놓고 업혀 보씨요
엄니 등허리에 오줌 마를 날 없었던
어린 날 생각함서
우리 엄니 한 번 꼭 업어보고 싶었당게요
이러다 해 다 넘어가 불것쏘 잉
조곤조곤 달래며 어깨 넘어
기우듬히 돌아보는 애잔한 눈길
잔물결 주름 밀리는 두 볼에 소복소복 쌓여
복숭아 꽃봉오리처럼 부풀어 오른다

늦가을 저녁 해는 걸음도 빠르당게요
복상물 노을꽃 다 져불기 전에
어서 업히랑께요
업히고 싶어도 못 업히고
업어보고 싶어도 못 업는 날
오기 전에요
감청색 작업복 흙먼지
등 구부정한 아들은
말 못하는 벙어리 늙은 엄니
덜 마른 탯줄 자국 거기 있는 듯
갈라터진 손바닥으로
얼룩진 등허리 쓰다듬고 있다
거친 실밥 드러나고 빛바랜 해진 잠바
하염없이 어루만지고 있다
해는 서산에 걸려 오도가도 못하고……

어떤 조문

분향을 마친
70대 은퇴한 총장님과
60대 은퇴한 여 목사님
50대 시간 강사 둘이
한 상에 둘러 앉는다

머리 희끗한 총장님 앞으로
소설 쓰는 시간강사가
홍어삼합수육을 옮겨 놓는다
나란히 앉은 여목사님이
슬며시 초장 접시 밀어 놓는다
장터 출신 시인은
은퇴한 총장님과 목사님과 소설가 앞으로
남광주시장 풍경 한 보따리 슬그머니 풀어 놓는다

백아산 골짜기에서 옹기종기 머리 맞대던
송이, 싸리, 능이, 표고, 노루궁뎅이 버섯
장수말벌 왱왱 꿀 흐르는 말벌 집과 노봉방주
푸른 단도처럼 펄떡거리는 은빛 전어 떼
볕 좋은 시월 중순 장날 풍경에 더하여
실하게 살 오른 황룡강 미꾸라지 추어탕

보성 바닷가 파래물김치, 우럭미역국
영산포 홍어무침, 낙지젓, 전복장조림
화순 고들빼기파김치, 황새기 고추무침,
실고추 얹어 갓 구워낸 육전, 굴전, 해물전으로
전라도 한정식을 가만가만 차린다

동글한 얼굴에 동글한 체형
검은 상복 치마 허리 질끈 동여매고
문상 오는 조문객들 맞이하랴
눈물 훔치랴
자상한 60대 맏딸은
잰 걸음으로 다가와
검은 머루포도 한 접시 밥상 위에 놓고 간다

우리는
영정 사진 속 고인의 눈길 받으며
홍어삼합수육처럼 합을 잘 맞추고
남도 한정식처럼 풍성하고
검은 머루포도처럼 달게 익은 삶을
권하고 삼키며 조문 중이다

바람의 집

바지직대는 목울대 추스리며
가파른 산길 오른다
시끄럽고 팔랑대는 집 허물고 싶어
주머니 탱탱 비운 채
발걸음 꾸역꾸역 옮긴다

내달리는 바람결 잽싸게 낚아채어
제 안에 가두려는 흔들림의 낚시꾼들
바람재 나무들 바람의 집 짓느라
파랗게 멍든 손바닥 이파리 펼쳐 보인다

꽃잎은 묵언의 혓바닥
천천히 걷는 사람들 사이로
팔랑대며 하늘대며
한 뼘 머리 위, 한 뼘 발 밑
소식 전하느라 바쁘다

지상의 집 허문 자리
마음은 휘젓하게 하늘로 열리고

바람재

바람바람 바쁘게 넘는 곳
사람들 낯빛 차차 고요해지고
온 몸으로 초록 산빛 서늘하게 젖어든다

아버지 문득 하신 말씀 바람결 들려온다
'크느라 고생한다
단풍이 고운 건 일교차가 크기 때문
네 인생의 걸음에 교차가 크다면
그 인생 꽃빛처럼 다채롭지 않겠느냐
오만 가지 색들 모여 외롭지 않느니…'

꽃술 낚시

투덜거리는 두 아들과 남편을 달래가며
산사 찾아 걷는 여름휴가 길
설겅덜겅 이 안 맞는 바퀴로
간신히 굴러가는 내소사 초입
일주문과 부도전 사이 전나무 아래
노랑상사화 꽃무리 흐드러졌다

오후의 잠 보따리 같은 여린 꽃잎의 무게로
꽃대가 한쪽 어깨를 비스듬히 무너뜨린다
또 다른 꽃대가
오후 네 시 방향으로 졸린 눈길을 주며
한쪽 어깨 기울여 서로 어깨 맞댄다

은빛 낚시바늘 꽃술에 꿰인 이승의 시간을
바람이 이리저리 흔들어 댄다
아비보다 덩치 큰 첫째가
벗겨지는 아비의 모자를 얼른 집는다
첫째보다 덩치 큰 둘째가
휘날리는 어미의 옷자락을 얼른 여민다
아비와 어미는 약속이나 한 듯
저들의 어깨보다 훌쩍 큰

두 아들의 어깨를 투덕거린다
들판 가득 피어난 노랑상사화 꽃무리 사이를
웅얼웅얼 지나가는 가족들 행렬 뒤로
전나무 숲 사이 어슬렁거리던 바람이
슬몃슬몃 꽃잎들 쓰다듬는다

내소사 초입에 핀 노랑상사화
은빛 휘어진 바늘 더욱 길게 내밀어
고해(苦海)의 조각 낚시질 한다
부박한 인생살이
한때나마 향기롭게 낚으려 한다.

깻잎

아주 작은 일에도 내 뜻대로 안 된다고
그동안 지내온 시간을 몽땅 날려버릴
결절의 말들이 우두둑거리며 마음을 토막질한다
부글대는 속사정이야
눈치로만 짐작해도 어련하랴만
끝내 내뱉고야 말 극한의 말들은
아직 목울대를 넘어오지 않았다
입술을 비틀며 곧 터져 나올
활활타는 말의 더미가 갈라진 혓바닥을 압박할 즈음
마주 앉은 밥상 앞에서 불쑥 내미는
싱싱한 야생 깻잎 한 장
화근내 나는 입 안 시원하게 헹구라고
실금 많은 깻잎 같은 푸른 손바닥으로
초록빛 화한 향기 성큼 건넨다
투명하게 뜨겁던 들판의 햇살과
약한 대궁을 끊임없이 흔들던 바람과
목마름을 적셔주던 굵은 빗방울의
갈등 속 시간의 무늬를 각인 한 채
나에게 건너 온 목숨 한 장
온 몸에 새겨진 침묵의 말씀 묵묵히 받아든다
별일 아니라면, 손톱만큼 속상한 일이라면 그저 깻잎에

실금 하나 새기는 양 하라고
들깻잎 향처럼 환한 향 전하는
깬 입이 되라는 깻잎의 충고
한 입 가득 채우는 깔끔한 소멸이
성큼 던지는 후련한 한 마디
오늘 하루 깬 입으로 향기롭게 살라
온 몸이 으깨지며 가르쳐 준다

혼을 찍는다

자식을 위해 사진을 찍는다
아들이 중학교 수학여행 다녀오며 사다 준 목걸이가
잘 나오도록 고개를 이리저리 갸웃거려 본다

남편 보낸 지 사십구일 째
당신 따라갈 사진을 찍는다
사무치게 서러웠는데
시집살이 엄청 했는데

사진을 찍고 나서
에루야 뱃노래 부르다가
인생 한 판 잘 살고 간다네
어깨춤이 홀가분하다

투명창상피복제

손등을 타고 앉아
꿈틀꿈틀 움직이는 지렁이 한 마리
손목에 힘을 빼자 비로소 멈춘다

피가 멎고 열흘쯤 지난 상처에
흉터는 줄이고 도지는 상처 막아준다는
투명창상피복제를 바르고 문지른다
불현듯 당신이 떠난 그날처럼
검붉게 도지는 아픔

한 마디 언질도 없이
수국의 나라로 황망히 떠난
당신이 돌아오지 않은 채
천사백육십 번의 열흘이 흘렀다

투명창상피복제를 꾹 눌러 짜서
천사백육십 번의 열흘에도 문질러 본다

대원사 홍교

탯줄 같은 십 리 벚꽃길 끝나는 곳
세계는 한 몸[世界一花]이라는
대원사 둥근 한꽃문 지나면
자궁 속 태아 같은 홍교가 있다

어느 각수장이가 교각에 아로새긴 천륜의 기록
父, 母, 子, 子, 식구들 명자(名字) 아래
가늘고 작은 글씨, 망태아자(亡胎兒子)!

무릎 접고 고개 수그려 들여다보면
웅숭그린 채 마주보는 캄캄한 시선
뱃속에서 죽여 버린 자식 하나 더 있다

훅 끼쳐오는 피비린내
몸의 깊은 고샅에 숨어있던 기억이
어지럽게 뒤틀리며 타들어간다
찢겨지는 여린 살점, 함부로 절단되는 팔다리
여물다 만 얼굴, 소리 없는 비명이
시퍼런 칼날 되어
구부린 등줄기 마구 내리긋는다

석조 교각 가장 낮은 곳에서
마음 눈길 오롯이 빼앗아
더욱 또렷이 각인되는 업보
깜박깜박 가쁜 숨 몰아쉬고 있다
어둠 속 이름 없는 단절의 비망록
뱃속 핏덩이 긁어낸 자리
붉은 진물 흐르는 그곳을 일깨운다

대원사에는
세상 어두운 곳에서
갈가리 찢겨진 낙태된 꿈 일깨워
한 송이 꽃같은 세상으로 인도해 주려
꽃잎 한 장 같이 오막하게 등 구부린 석교가 있다

※ 보성 대원사 : 태아령(낙태아)을 위한 기도 도량

불통

벨소리 길게 건너가길 수십 번
엄마는 깜깜 먹통의 귓바퀴를
둥글게 열어 두신 채
깊은 잠이 드셨나
목이 터져라 불러도
막내딸 목소리 못 알아 듣는다

어둠 속 엄마의 귓바퀴를 서성거리다
하얗게 조팝꽃 지는 마당가
동그랗게 웅크린 강아지처럼
마음 쪼그라들어
전화기 슬며시 내려 놓는다

요양원 엄마

엄마 생신이 있는 음력 12월
전라도 광주에서 태백의 산비얄을
굽이굽이 오른다

작년보다 더 앙상히 마른 손 잡으며
적막한 어둠 짙은 귓가에 입술 대고
엄마 나 왔어
가쁜 목소리 흘려 넣는다

구순을 훌쩍 넘긴 채
한 쪽만 남은 침침한 시력으로

니 누구로?

막내딸 얼굴 한참 더듬다가
허술하게 잡고 있던 손
와락 힘주어 잡으며

니
언제 갈끼고?
언제 또 올끼고?

톡.톡.톡.

감나무 집 백 살 넘은 시어머니가
문 앞의 맨땅에 앉아 톡.톡.톡.
콩을 터신다
딱딱 벌어지는 콩꼬투리
잘 익은 노란 콩알들
황금빛 햇살 속
천지사방으로 튀어 오른다

남편 잃고 올망졸망 남겨진 자식 여섯
시집장가 보내고 증손자까지 마흔 여섯 명
백수 기념 가족사진 걸린 안방 문 앞
맨땅에 쪼그리고 앉아서
콩 타작을 한다

마당을 가로질러
여윈 문살 두드리던 소리에
수줍게 가슴 열고 족두리 쓰던 날처럼
민들레 꽃잎 같은 흰 머리 수그리신 채
작달막한 작대기로 톡.톡.톡.
콩들의 방문을 열어 주고 계신다

일찌감치 방문 걸어 잠그고
하늘 문 열어버린 영감은
여태 방문 안 열어주고 뭘 하고 계시나
곁에 갈 준비 끝낸 지 오래
오늘이라도 날 데려가라며
구시렁구시렁
톡.톡.톡.
하늘 문 두드리고 계신다

미수

처서 그림자 깃든 명옥헌 앞뜰
가쁜 호흡 시나브로 모여들더니
지친 숨결 고르는 잉걸불 너울들
진분홍 레이스 뭉태기 째 넘겨지는 꽃시간 페이지가
서늘한 물거울 위 우련하게 우거진다

팔팔 미수회(八八米壽會) 현수막 매단
관광버스 타고 온 늙은 사내들
명옥헌 원림 채운 분홍 사태 앞
꽃칠갑 붉은 함성 마음껏 내지른다

어서 와!
앞서거니 뒤서거니
서로를 향해 부르는 손짓
따라 모여든 미수(米壽)들이
고된 발길 재촉했을 막바지 인생들이
관절염에 저린 통증 후들대며 찾아든
자미꽃 대궐

황족의 삶 훔치고 싶었으나
절룩대는 구두 한 켤레로 미수(未遂)에 그친 삶

이 생에 갚을 미수금 아직 창창 남았는데
내후년에도 저 꽃대궐 마주할 수 있을까
시간 연못 카메라 조리개 열어
붉디붉은 아쉬움 한 장면씩 수장한다

꽃더미 배경 앞에 어색한 웃음들
영정 속 사진 모습 겹치는 찰라
지상을 건너가는 둥실한 그리움
밭고랑진 눈주름 따라
한순간 부옇게 습기 서린다

육계장

한 쪽에서는 가족이 흐느끼고
문상객은 그들을 위로하는데
다른 한 쪽에서는 아무렇지도 않게
잘 차려진 음식들을 맛있게 먹는다
건배는 하지 않더라도 술을 마시고
박장대소는 하지 않더라도
미소로 안부를 나눈다.*

완장 찬 검은 양복이
부조금 명단을 부지런히 살피는 굽힌 등 너머로
몇 달 전 이 자리에서
육개장을 후후 불며 먹던 사내가
내가 차린 마지막 한 끼라며
맛있게 먹으라며
영정 사진 안에서 지긋이 웃고 있다

삶과 죽음이 한 테두리 안으로 뒤섞이는 자리
육개장 둥근 그릇 속으로
후두둑 떨어지는 노을
오늘도 갠지즈 강물은 평안히 흐르고
희뿌연한 시체 연기 허공을 맴도는데

어김없이 새벽노을 붉게 번진다

*강백수, 「육개장은 산 사람이 먹는다」 중 옮김

꽃씨

노랑할미꽃씰 어디 뒀더라?
연분홍살구빛 겹접시꽃씨는 또 어디에 있는지
색색으로 채취해 둔 꽃씨들
어느 어두컴컴한 구석에서 빛을 기다리고 있는지
찾아도 찾아도 보이지 않는다

건망증인지 노환인지
울 덜 나이엔 찾다가 늙는다는 전북 들꽃 아지매
그-랴…
울덜 나이엔 찾다가 늙고 숨바꼭질하다가 지친다니께
이쁜 접시꽃씨가 어딘가엘랑 있을 거인디 …
어디 젤 중요한 것들 잘 넣어두는 곳을 함 뒤져 봐요.
긍-게 …
중요하다구 잘 넣어두구
찾다찾다 하루가 간다니께유
꽃씨 찾다가 10년은 늙어버린 것 같잖유…
암시랑도 않혀
나가 쉽게 찾는 법 갈켜 주까?
???
ㅋㅋ, 이사 가믄 되야…

이런다고 버리고, 저런다고 버리고
버리고, 버리다가 더 잃어 버렸슈…
다 버리고 잃을 거 없을 때
우리 꽃씨되어 저 위로
항꾸네 이사 갑시다.
하늘에는 잃어버린 꽃씨들 다 있을거이구만요
거그서 이쁘게 활짝 피어 재미지게 살아보게요

시간 대물림

등나무 아래
보랏빛 그늘로 일렁이는 계단이
부드럽게 손짓한다

돌계단 층층마다 흩뿌려진 꽃잎 아래
똥오줌 못 가리는 백수(白壽) 엄마
해사하게 배시시 웃고 계신다

얼굴 가득 주름골 따라
방금 눈 오줌같은 파문 일렁인다
볼우물에 고이던 복사꽃빛 꿈들이
반짝이며 흩날리던 시절을 지나
만삭의 고된 시절을 지나
육남매도 부스스 늙어가는
시간의 대물림

갈 사람은 가야지

갈 시간이 다 된 거 아이가?
응 …
그럼 가 보그라…

갈 사람은 가야지…

무릎 관절 아프다며
사 달라던 바세린 두 통을
까만 비닐봉지에 더듬어 여미다가
움푹 꺼진 눈두덩이
어둠뿐인 텅 빈 시선 끝자락을
막내딸 얼굴에 뭉텅 쏟아 붓는다

일곱 시간 달려 온 막내딸이
겨우 한 시간 여 잠깐
얼굴 마주 한 뒤
살 곳으로 되돌아가야 할 이별 앞두고
우리 엄마 혼잣말 중얼거림

갈 사람은 가야지…